In der Reihe „FN-Hufeisen-Sachbilderbuch" sind bereits in gleicher Ausstattung erschienen: „Das Pferdebuch für Kinder", „Das Ponybuch für Kinder", „Das Buch vom Pferdestall für Kinder" und „Das Buch vom Pferdepflegen für Kinder".

Die Deutsche Bibliothek - CIP-Einheitsaufnahme

Das Buch vom Reiten lernen für Kinder / Isabelle von Neumann-Cosel ;
Jeanne Kloepfer. - Warendorf : FN-Verl. der Dt. Reiterlichen Vereinigung, 1997
(FN-Hufeisen-Sachbilderbuch)
ISBN 3-88542-317-0
NE: Neumann-Cosel, Isabelle von; Kloepfer, Jeanne
© 1997 FN*verlag* der
Deutschen Reiterlichen Vereinigung GmbH, Warendorf.
Alle Rechte vorbehalten.
Nachdruck, auch auszugsweise, nur mit schriftlicher
Genehmigung des Verlages.

Autorin: Isabelle von Neumann-Cosel, Neckarhausen
Illustratorin: Jeanne Kloepfer, Heidelberg
Layout: Medium GmbH, Beelen
Lithographie: D & L Reichenberg GmbH, Bocholt
Digitale Bogenmontage, Druck und Verarbeitung:
MediaPrint, Paderborn

ISBN 3-88542-317-0

Das Buch vom Reiten lernen für Kinder

geschrieben von Isabelle von Neumann-Cosel,
gezeichnet von Jeanne Kloepfer

Eine Reitschule für Kinder

Reiten lernen kannst du am besten in einer Reitschule.

Guter Reitunterricht kann ganz verschieden aussehen.

Es gibt große und kleine Reitanlagen, Reitervereine oder

Reitställe, die einem einzelnen Besitzer gehören.

Die Hauptsache ist, daß Menschen und Pferde sich dort wohl fühlen! Dann könnte Reitunterricht auch dein Lieblingsfach werden.

Hier macht Reitenlernen Spaß

Dieses Zeichen ist eine Empfehlung für gute Reitausbildung. Hier arbeiten Reitlehrer, denen du vertrauen kannst.

Erfahrene Schulpferde und freundliche Schulponys können deine besten Lehrer sein.

Mit einer guten Ausrüstung klappt das Lernen besser.

Hier kannst du mit anderen Pferdefreunden Freundschaft schließen.

In diesem Stall fühlen sich Pferde wohl.

Viele verlockende Abenteuer auf dem Pferderücken warten auf dich.

Pferde kennenlernen

Hast du Pferde schon einmal ganz genau beobachtet? Dabei gibt es immer wieder etwas Neues zu entdecken.

Wenn du Pferde näher kennenlernen möchtest – hilf, sie zu pflegen und zu versorgen! Kein Pferd sieht genau wie ein anderes aus. Und jedes hat seine ganz eigenen Angewohnheiten. Bald wirst du herausfinden, was es gern hat und was es ganz und gar nicht mag.

Wenn du mit Pferden Freundschaft geschlossen hast, fällt dir das Reitenlernen nicht schwer.

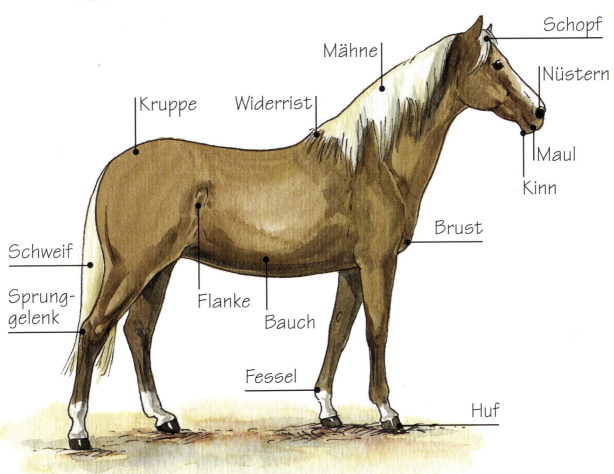

Pferde pflegen lernen

Vor dem Reiten werden die Pferde geputzt. Richtiges Putzen will gelernt sein!

Der Striegel und eine weiche Bürste sind das wichtigste Putzzeug. Was sonst noch in eine Putzkiste gehört, siehst du auf dem Bild.

Pferde lernen schon als Fohlen, ihre Hufe aufzuheben.
Mit dem Hufkratzer werden die Hufe von innen gesäubert.

Die langen Mähnen- und Schweifhaare reißen leicht aus. Sei vorsichtig mit der Bürste! Sicherer ist es, die Haare mit den Fingern zu entwirren.

Die wichtigste Ausrüstung

Zum Reiten braucht das Pferd eine besondere Ausrüstung, genau wie du. Der Sattel bietet dir einen sicheren Halt auf dem Pferderücken.

Zur Trense gehört das Trensengebiß im Maul des Pferdes. Die Zügel bieten dir eine Möglichkeit, das Pferd zu lenken und sein Tempo zu bestimmen.

Du selbst brauchst zum Reiten bequeme Hosen, die nicht drücken und auch keine Falten schlagen.

Deine Schuhe oder Stiefel müssen bis über die Knöchel reichen und Absätze haben.

Ein Sturz vom Pferd ist halb so schlimm, wenn du deinen Reithelm trägst – und zwar immer!

Satteln und Auftrensen

An Sattel und Trense hast du schwer zu schleppen. So kannst du beides am besten tragen.

Beim Auflegen des Sattels brauchst du vielleicht Hilfe. Der Sattel soll von vorn nach hinten in die Sattellage gleiten.

Vergiß nicht, einen Blick auf die andere Seite des Pferdes zu werfen. Liegt die Unterdecke richtig?

Schließe die beiden Schnallen des Sattelgurtes. Vor dem Aufsitzen muß der Sattelgurt noch einmal nachgezogen werden.

Auftrensen erfordert viel Übung! Die linke Hand schiebt das Gebiß ins Pferdemaul, die rechte streift die Trense über die Ohren.

So sehen die am häufigsten verwendeten Trensen aus. Bald kennst du dich auch mit den Riemen aus.

So kommst du aufs Pferd und wieder runter

Alleine aufs Pferd steigen kannst du nur, wenn du es schaffst, deine linke Fußspitze in den linken Steigbügel zu stecken.

Wenn das nicht klappt, brauchst du ein bißchen Hilfe.

Absitzen geht mit Schwung besser. Nimm vorher beide Füße aus den Steigbügeln.

Schiebe nach dem Absitzen die Bügel nach oben. Herumbaumelnde Bügel sind gefährlich.

An der Longe fängt alles an

Das Turnen auf dem Pferderücken nennt man Voltigieren. Es ist eine prima Möglichkeit, mit Pferden vertraut zu werden.

In einer Voltigiergruppe kannst du früh anfangen. Vielleicht macht es auch dir Spaß?

An der Longe, einer langen Leine, wird das Pferd im Kreis geführt. So fängt das Reitenlernen an. Bei diesen Sitzübungen lernst du, dein Gleichgewicht zu finden.

Bald kannst du dich im Trab und Galopp genauso sicher fühlen wie im Schritt.

In der Reitabteilung

Pferde gehen gern in einer Gruppe. Stell dir vor, du könntest da mitreiten! Schau dir einmal den Reitplatz ganz genau an. Siehst du die Spuren der Pferdehufe im Sand? Man nennt diese Linien **Hufschlagfiguren**.

Sie haben ganz bestimmte Namen. Die Spur, die einmal ganz außen herum führt, heißt **Ganze Bahn**. Der Kreis wird **Zirkel** genannt. Auf der **Wechsellinie** geht es von einer Ecke schräg durch die Bahn zur anderen Ecke.

Der richtige Sitz

Es ist nicht so schwierig, auf dem Pferd sitzen zu bleiben, ohne einfach herunter zu fallen. Aber richtig zu sitzen ist nicht so einfach.

Gerade sitzen! Kopf hoch!
Die Beine lang herunterhängen lassen!
Die Fäuste tragen!

Ob das alles noch klappt, wenn das Pferd sich in Bewegung setzt?

Im Gelände und beim Springen wird mit kürzeren Bügeln im leichten Sitz geritten.

Die Verständigung mit dem Pferd

Damit ein Pferd den Reiter richtig versteht, muß dieser ihm Hilfen geben.

Mit den Unterschenkeln kann der Reiter das Pferd antreiben und seitlich begrenzen. Mit den Zügeln kann der Reiter dem Pferd den Weg zeigen und das Tempo regulieren.

Die wichtigste Hilfe ist beinahe unsichtbar: das Gleichgewicht. Ein Pferd versteht so gut wie ein Skateboard oder ein Hopsball, wohin du dich bewegen möchtest.

Auch Pferde müssen lernen

Alle Pferde können schon bald nach der Geburt laufen, traben und galoppieren. Aber sie müssen erst lernen, sich unter dem Reiter zurechtzufinden.
Einem gut ausgebildeten Pferd sieht man an, daß es mit sich und seinem Reiter zufrieden ist.

Es spitzt die Ohren, wölbt seinen Hals, läßt den Reiter bequem sitzen und gehorcht willig auf leichte Reiterhilfen.

Ein unzufriedenes Pferd reißt den Kopf
hoch, stürmt oder schleicht und wehrt
sich gegen die Reiterhilfen.

Der erste Ausritt

Möchtest du gern einmal ausreiten? Das ist die schönste Beschäftigung für Pferde und Reiter! Draußen ist das Reiten noch einmal so schön.

Licht, Luft und genügend Platz, Wald, Wiesen und Wasser gefallen den Pferden genauso gut wie dir.

Aber vor dem ersten Ausritt mußt du dich mit deinem Pferd sicher verständigen können. Denn unterwegs können nicht nur Abenteuer locken, sondern auch Gefahren drohen...

Reiterspiele

Reiterspiele bieten für jeden etwas. Für manche Spiele mußt du besonders schnell sein, besonders geschickt, besonders geduldig oder einfach ein bißchen Glück haben.

Viele Pferde und Ponys machen gern mit beim Spielen. Und du?

Große Ziele

Um ein guter Reiter zu werden, muß du viel üben. Vielleicht kannst du dann einmal auf einem Turnier starten oder die Prüfung zum Kleinen Hufeisen schaffen.

Vielleicht darfst du in den Ferien auf einen Ponyhof fahren, oder du bekommst später sogar ein eigenes Pferd.

Ganz gleich, für welches Ziel du trainierst – das wichtigste Ziel für einen Pferdefreund ist, sich mit Pferden gut zu verstehen.

Wenn ich erst mal reiten kann...

Die Autorin

• •

Isabelle von Neumann-Cosel, Jahrgang 1951, ist Journalistin, Reitlehrerin und Richterin. Drei pferdebegeisterte Töchter haben sie jahrelang mit Fragen rund um das Thema Pferd in Trab gehalten.

Sie hat im FN*verlag* unter anderem „Das Pferdebuch für junge Reiter", zwei Titel der Reihe „Kleines Hufeisen · Großes Hufeisen" und zwei FN-Lehrfilme über die Reitausbildung von Kindern sowie in dieser Sachbilderbuchreihe bereits fünf Titel veröffentlicht.

Foto: Thome ©

Die Illustratorin

• •

Jeanne Kloepfer, Jahrgang 1966, ist Diplom Grafik-Designerin und Illustratorin. Sie lebt und arbeitet in Heidelberg. Nach dem Studium entschloß sie sich für die Selbständigkeit und ist

sowohl in der Werbung als auch bei Verlagen tätig – mit dem Schwerpunkt „Pferde".